D1264430

Amos Daragon, porteur de masques (manga)

BRYAN PERRO ET ZORAN VANJAKA

Amos Daragon, porteur de masques (manga)

Les Éditions des Intouchables bénéficient du soutien financier de
la SODEC, du Programme de crédits d'impôt du gouvernement du
Québec et sont inscrites au Programme de subvention globale du
Conseil des Arts du Canada.

Nous reconnaissons l'aide financière du gouvernement du Canada par
l'entremise du Programme d'aide au développement de l'industrie de
l'édition (PADIÉ) pour nos activités d'édition.

LES ÉDITIONS DES INTOUCHABLES
2316, avenue du Mont-Royal Est
Montréal, Québec
H2H 1K8
Téléphone: (514) 526-0770
Télécopieur: (514) 529-7780
www.lesintouchables.com

DISTRIBUTION: PROLOGUE
1650, boulevard Lionel-Bertrand
Boisbriand, Québec
J7H 1N7
Téléphone: (450) 434-0306
Télécopieur: (450) 434-2627

Impression: Transcontinental
Maquette de la couverture: Benoît Desroches
Infographie et logo manga: Mélanie Deschênes
Illustrations: Zoran Vanjaka
Logo: François Vaillancourt

Dépôt légal: 2005
Bibliothèque nationale du Québec
Bibliothèque nationale du Canada

ISBN 2-89549-179-8

9

ENVOÛTENT LES HOMMES DE LEUR VOIX POUR...

...LEUR TENDRE UN PIÈGE ET LES DÉVORER. MAIS... LA PEUR EST DANS TES YEUX...

JE VOIS TA SOUFFRANCE... IL Y A 12 ANS, TES PARENTS, DEUX BRAVES ARTISANS VOYAGEURS, DÉCIDÈRENT DE S'INSTALLER DANS LE ROYAUME D'OMAIN. ILS N'AURAIENT PAS DÛ CONSTRUIRE LEUR PETITE CHAUMIÈRE SUR CES TERRES SANS L'AUTORISATION D'ÉDONF, LE MÉCHANT SEIGNEUR D'OMAIN.

LORSQU'IL APPRIT LA NOUVELLE, IL LEUR RENDIT VISITE AVEC L'INTENTION DE BRÛLER LEUR MAISON ET DE LES EXÉCUTER. TON PÈRE, URBAN DARAGON, PROPOSA AU SEIGNEUR DE TRAVAILLER GRATUITEMENT AFIN DE S'ACQUITTER DE SA DETTE. ÉDONF ACCEPTA...

...ET TRAITA URBAN COMME UN ESCLAVE. IL PRENAIT UN MALIN PLAISIR À LE FAIRE BATTRE...

PARFOIS, IL LE FAISAIT LUI-MÊME.

PRISONNIER DE SA DETTE, TON PÈRE N'AVAIT D'AUTRE CHOIX QUE DE SUBIR CETTE TYRANNIE.

TIENS ÇA, SALE SERF ! VEUX-TU FINIR DANS LA CAGE COMME LES FAINÉANTS QUI NE PAYENT PAS LEURS IMPÔTS ?!?

TOUS LES SOIRS, IL RENTRAIT À LA MAISON LA TÊTE BASSE ET LES MEMBRES MEURTRIS.

URBAN N'AVAIT PAS ASSEZ D'ARGENT POUR FUIR LE ROYAUME. TOUS LES MATINS, IL QUITTAIT SON FOYER EN LARMES.

DÈS TON PLUS JEUNE ÂGE, TU AS ÉTÉ OBLIGÉ DE TE DÉBROUILLER AVEC PEU DE MOYENS ; TU A APPRIS À CHASSER LE FAISAN ET LE LIÈVRE...

... À PÊCHER DANS LA RIVIÈRE ET À RAMASSER DES COQUILLAGES ET DES CRUSTACÉS...

AINSI, TA FAMILLE RÉUSSISSAIT À SURVIVRE...

14

TU TE CACHAIS DANS LES FOUGÈRES ET MARCHAIS SILENCIEUSEMENT DANS LES BOIS EN T'INITIANT À L'ÉCOUTE DE LA NATURE.

TU CONNAISSAIS LES ARBRES ET LES BÊTES DE LA FORÊT, TU SAVAIS OÙ TROUVER DE PETITS FRUITS SAUVAGES...

...PENDANT L'HIVER, TU PARVENAIS À REPÉRER DE DÉLICIEUX CHAMPIGNONS QUI POUSSENT AUX PIEDS DES CHÊNES. TÔT, LA FORÊT N'A PLUS EU DE SECRETS POUR TOI.

POURTANT, TU ÉTAIS PROFON-DÉMENT MALHEUREUX. TOUS LES JOURS, TU VOYAIS TES PARENTS SOUFFRIR.

CHAQUE NUIT, TU RÊVAIS QUE TU AMÉLIORAIS LEUR SORT. COMME ILS ÉTAIENT TROP PAUVRES POUR T'ENVOYER À L'ÉCOLE, TU RÊVAIS D'UN TUTEUR CAPABLE DE TE GUIDER...

... DE RÉPONDRE À TES QUESTIONS ET DE TE CONSEILLER DES LECTURES. CHAQUE NUIT, TU T'ENDORMAIS DANS L'ESPOIR QUE LE PETIT MATIN T'APPORTE UNE NOUVELLE VIE.

AMOS DARAGON, VOILÀ LE MOMENT TANT ATTENDU... TA NOUVELLE VIE COMMENCE...

VOUS ÊTES BLESSÉE?

JE VAIS VOUS AIDER. JE CONNAIS DES PLANTES QUI PEUVENT VOUS GUÉRIR...

TU ES GENTIL AMOS. MALHEUREUSEMENT, JE SUIS CONDAMNÉE À MOURIR AU COURS D'UN AFFRONTEMENT AVEC...

... LES MERRIENS. CHEZ MOI, SOUS LES FLOTS DE L'OCÉAN, LA GUERRE CONTRE CES ÊTRES MALÉFIQUES SÉVIT DEPUIS QUELQUES JOURS. MAINTENANT, PRENDS CETTE PIERRE BLANCHE ET RENDS-TOI CHEZ GWENFADRILLE DANS...

...LES BOIS DE TARKASIS. TU DIRAS À LA REINE QUE SON AMIE CRIVANNIA, PRINCESSE DES EAUX, EST MORTE ET QUE SON ROYAUME EST TOMBÉ AUX MAINS DE SES ENNEMIS. DIS-LUI AUSSI QUE JE T'AI CHOISI COMME PORTEUR DE MASQUES. ELLE SAURA COMMENT AGIR. JURE-MOI, QUE TU ACCOMPLIRAS CETTE MISSION.

17

UN CHANT MÉLANCOLIQUE VIENT DE LA MER... C'EST LE CHANT FUNÉRAIRE DES SIRÈNES.

C'EST LEUR DERNIER HOMMAGE À LA SOUVERAINE CRIVANNIA.

ENCORE UNE FOIS...

MAIS... QU'EST-CE QU'IL VEUT?

URBAN DARAGON, TU OSES AFFIRMER QUE CET ÂNE EST À TOI!?!

OUI SIRE... C'EST MON FILS, QUI L'A TROUVÉ DANS LA FORÊT.

MENSONGES! MENSONGES! TOUS LES TROIS DANS LES CAGES ET QU'ON BRÛLE LA MAISON!

CETTE FOIS IL NE SE TROMPE PAS, LE VIEUX CRAPAUD! ...

19

20

21

24

25

MAIS... QU'EST-CE QUE TU VAS FAIRE AVEC CETTE PAUVRE BÊTE, MON FILS ?

JE LUI FERAI AVALER HUIT PIÈCES ENROBÉES DE FOIN ET D'UNE HERBE LAXATIVE QUI AIDERA L'ÂNE À LES EXPULSER.

ET ENSUITE ?

C'EST À ÉDONF DE DÉCOUVRIR LA SUITE !

NOUS POUVONS PARTIR. RENDEZ-VOUS AU PIED DE LA MONTAGNE. JE VOUS REJOINDRAI PLUS TARD AVEC DES CHEVAUX.

JE TE TRANCHERAI LA TÊTE, VAURIEN!

JE VAIS T'OUVRIR LE VENTRE, PETIT MISÉRABLE!

JE NE FERAI QU'UNE BOUCHÉE DE TOI!

ÂNE, DONNE-MOI DE L'OR DONNE-MOI DE L'OR!

APPROCHONS-NOUS DISCRÈTEMENT...

NOUS LE SURPRENDRONS

DONNE DE L'OR! DONNE DE L'OR!

MAIS... QU'EST-CE QU'IL FAIT?!?

28

GARDES, PRENEZ DÉLICATEMENT CET ÂNE. NOUS LE RAMENONS AU CHÂTEAU ET REVIENDRONS CHERCHER LES CHEVAUX PLUS TARD. JE VOUS SUIVRAI EN MARCHANT POUR M'ASSURER QU'AUCUNE MALADRESSE NE METTRA EN PÉRIL CE BIEN TROP PRÉCIEUX.

QUANT À TOI, VAURIEN, TU PEUX GARDER CES HUIT PIÈCES! AVEC LES DIX AUTRES QUE JE T'AI DÉJÀ DONNÉES, CONSIDÈRE QUE JE PAIE UN BON PRIX POUR CET ÂNE.

S'IL VOUS PLAÎT, MON BON SEIGNEUR! IL EST TOUTE NOTRE FORTUNE, TOUT NOTRE BIEN. TUEZ-MOI MAIS LAISSEZ L'ÂNE À MES PARENTS.

VOUS MANGEREZ DE LA SOUPE AUX PIERRES!

C'EST BIEN TA SPÉCIALITÉ, N'EST-CE PAS?

ADIEU VIEUX CRAPAUD. TU PEUX BIEN RIRE MAIS JE SUIS SÛR QU'AUJOURD'HUI UNE...

HA, HA, HA!

...NOUVELLE HISTOIRE SE RÉPANDRA DANS LE ROYAUME D'OMAIN LE RÉCIT DES RUSES D'AMOS DARAGON S'AJOUTERA AUX LÉGENDES RACONTÉES PAR LES VIEUX ET AMUSERA DÉSORMAIS LES ENFANTS!

AMOS, ES-TU CONTENT DE L'ARMURE DE CUIR QUE JE T'AI CONFECTIONNÉE ET DE LA BOUCLE D'OREILLE QUE TON PÈRE T'A ACHETÉE?

MERCI MAMAN, PAPA!

MON FILS, NOUS SOMMES VRAIMENT TRÈS FIERS QUE TU TE CHARGES D'AIDER LES SIRÈNES...

...MAIS RAPPELLE-MOI DE TE RACONTER QUAND NOUS FERONS LE CAMP, CE QUE JE SAIS SUR LA FORÊT DE TARKASIS.

ÉCOUTE BIEN AMOS... ON DIT QUE CEUX QUI OSENT S'AVENTURER DANS CETTE FORÊT N'EN REVIENNENT JAMAIS...

...UN JOUR, JE CHERCHAIS DU TRAVAIL DANS LA PETITE VILLE DE BERRION. JE RENCONTRAI SUR LA PLAGE DU MARCHÉ UN HOMME ÂGÉ. LE VIEILLARD ARRÊTAIT LES PASSANTS ET LEUR DEMANDAIT:

31

MONSIEUR, EXCUSEZ-MOI! ON M'A VOLÉ MA JEUNESSE! AIDEZ-MOI, S'IL VOUS PLAÎT... JE VOUS EN SUPPLIE!

GRAND-PÈRE, QUE VOUS EST-IL ARRIVÉ?

MON PÈRE ME RÉPÉTAIT SANS CESSE DE NE PAS M'AVENTURER DANS LA FORÊT DE TARKASIS.

...HIER MATIN, J'AI PERDU MON CHIEN ET JE ME SUIS MIS À SA RECHERCHE. ALORS QUE JE REGARDAIS AUTOUR DE LA MAISON, J'AI ENTENDU DES ABOIEMENTS DANS LA FORÊT...

...J'AI ACCOURU VERS MON COMPAGNON SANS ME SOUCIER DU DANGER. J'AI VU BEAUCOUP DE LUMIÈRE... PUIS, VENANT DE NULLE PART, UNE BELLE ET DOUCE MUSIQUE S'EST MISE À JOUER. JE VALSAIS AVEC LES LUMIÈRES, J'ÉTAIS HEUREUX. J'ÉTAIS CALME ET SEREIN...

JE NE SAIS PAS COMBIEN DE TEMPS CELA A DURÉ, MAIS J'AI DÛ DANSER TRÈS LONGTEMPS PARCE QUE JE SUIS TOMBÉ ENDORMI, TELLEMENT J'ÉTAIS FATIGUÉ...

À MON RÉVEIL, AUCUNE TRACE DE MON CHIEN. J'AVAIS LA BARBE ET LES CHEVEUX TOUT BLANCS...

AFFOLÉ, JE SUIS REVENU VERS LA MAISON POUR ME RENDRE COMPTE QU'ELLE AVAIT DISPARU. TOUT COMME MES PARENTS.

JE NE COMPRENDS PAS CE QUI M'ARRIVE, MON BON MONSIEUR, J'AI ONZE ANS! JE NE SUIS PAS UN VIEILLARD...

JE VEUX RETROUVER MA JEUNESSE, MES PARENTS, MA MAISON ET MON CHIEN!

QUELLE ÉTRANGE HISTOIRE, PAPA.

OUI AMOS, UNE INCROYABLE HISTOIRE... MAIS... MOI, JE CROIS QUE LE VIEILLARD DISAIT LA VÉRITÉ...

ASSEZ DE BAVARDAGE ET AU LIT. DEMAIN, ON SE LÈVE TRÈS TÔT...

35

MES FRÈRES ET MOI SOMMES À LA RECHERCHE DE SORCIERS QUI SE TERRENT DANS CETTE FORÊT.

POURSUIVEZ VOTRE ROUTE, VOYAGEURS, ET SACHEZ QUE VOUS ENTREZ DANS LE ROYAUME DES CHEVALIERS DE LA LUMIÈRE. AUX PORTES DE BRATEL-LA-GRANDE, LA CAPITALE, DITES À LA SENTINELLE QUE BARTHÉLÉMY VOUS EN AUTORISE L'ACCÈS. NE TRAÎNEZ PAS CAR DES CHOSES ÉTRANGES SE PRODUISENT À L'EXTÉRIEUR DES MURS. ALLEZ, BRAVES GENS !

AU REVOIR CHEVALIER !

REGARDE PAPA, UN VILLAGE !

38

BRATEL-LA-GRANDE

HALTE !

LE CHEVALIER BARTHÉLÉMY NOUS ENVOIE NOUS ABRITER DANS VOTRE GRANDE VILLE.

COMME BARTHÉLÉMY VOUS ENVOIE, JE VOUS LAISSE ENTRER : PAR MESURE DE SÉCURITÉ, NOUS N'OUVRIRONS LA HERSE QUE LE SOIR ET LE MATIN.

VOUS POURREZ PÉNÉTRER DANS LA VILLE EN MÊME TEMPS QUE LES PAYSANS.

EN ATTENDANT, MANGEZ ET REPOSEZ-VOUS. BIENVENUE À BRATEL-LA-GRANDE !

MERCI URBAN.

HMMM? ...

HÉ, MESSIRE LE GARDE, POURQUOI UN SI GRAND FEU EN PLEIN JOUR?

SUR LA ROUTE, VOUS AVEZ DÛ CROISER PLUSIEURS VILLAGES, N'EST-CE PAS?

NOS HOMMES FOUILLENT LA FORÊT POUR BRÛLER VIF TOUS CEUX QUI PRATIQUENT LA MAGIE. DEPUIS UNE SEMAINE, SEPT PERSONNES Y SONT PASSÉES, DONT UN COUPLE D'HOMMANIMAUX.

ET QUI SONT LES HOMMANIMAUX?

... ET JE NE CROIS PAS QUE LE COUPLE BRÛLÉ POSSÉDAIT CES POUVOIRS. PERSONNE NE SAIT QUOI PENSER... PAS MÊME NOTRE SEIGNEUR YAUNE-LE-PURIFICATEUR... TOUS LES SOIRS, ON ENTEND DES BRUITS TERRIBLES DANS LA FORÊT. C'EST EFFRAYANT.

IL EST L'HEURE D'OUVRIR LA HERSE.

CE SONT DES HOMMES QUI SE TRANSFORMENT EN BÊTES. AUTREFOIS, LE PEUPLE EN PARLAIT BEAUCOUP. AUJOURD'HUI, C'EST PLUTÔT UNE LÉGENDE... MOI, JE N'Y AI JAMAIS CRU.

42

43

44

TRÈS BIEN, NOUS PAIERONS L'AUBERGISTE COMME IL SE DOIT.

DANS CETTE BOURSE, NOUS AVONS SIX PIÈCES D'OR!

EST-CE ASSEZ PAYÉ POUR L'ODEUR D'UNE SOUPE QUE NOUS N'AVONS MÊME PAS GOÛTÉE?

MAIS OUI, BIEN SÛR, JEUNE HOMME! CE SERA PARFAIT!

COMME NOUS AVONS RESPIRÉ L'ODEUR D'UNE SOUPE QUE NOUS N'AVONS PAS MANGÉE... EH BIEN...

...VOUS VOILÀ PAYÉ AVEC LE SON DE PIÈCES QUE VOUS N'AUREZ PAS!!!

CLING! KILLING!

HA! HA! HA! HA! HA! HA!

?!?!

JE CROIS BIEN QUE CE GARÇON VIENT D'ACQUITTER SA DETTE ET CELLE DE SES PARENTS!

48

...MALHEUREUSEMENT NOUS DEVONS BIENTÔT...

...PARTIR...

QUELLE VITESSE!

QUEL GARÇON ÉTRANGE. IL EST GROS COMME UNE CITROUILLE... MAIS IL BOUGE COMME UN ÉCUREUIL... JE DOIS LE SUIVRE...

MAIS... OÙ VA-T-IL, LE PETIT VOLEUR?

?!?

50

QUEL EST CE MYSTÈRE?!

TIENS, C'EST UN LONG TUNNEL PLUTÔT GROSSIÈREMENT CREUSÉ...

...QUI SORT ASSEZ LOIN DE LA VILLE...

OÙ EST MON PETIT VOLEUR?

AH, LE VOILÀ!... IL EST DÉJÀ DANS LE BOIS!?!

MAIS COMMENT A-T-IL PU TRAVERSER LA PLAINE AUSSI VITE?

AMOS, MON VIEUX, IL SEMBLE QUE TU SUIVES... UN HOMMANIMAL !

CELA EXPLIQUE SA FORCE ET SON AGILITÉ.

LES HOMMANIMAUX NE SONT DONC PAS QUE DES CRÉATURES LÉGENDAIRES...

UN ENFANT QUI VOLE DE LA NOURRITURE POUR VIVRE N'A PROBABLEMENT PAS DE PARENTS POUR SUBVENIR À SES BESOINS.

APRÈS LES AVOIR VUS SE TRANSFORMER EN OURS, LES CHEVALIERS DE LA LUMIÈRE ONT PROBABLEMENT TUÉ LES PARENTS DE CE MALHEUREUX...

... EN CROYANT QU'UN HUMAIN CAPABLE DE SE MÉTAMORPHOSER EN BÊTE PEUT AUSSI TRANSFORMER UN INDIVIDU EN STATUE. JE DOIS ABSOLUMENT RETROUVER CE GARÇON...

AH, J'Y SUIS !

55

ALORS TUE-MOI POUR QUE L'ÉTRANGER QUE JE SUIS NE PUISSE T'APPRENDRE CE QUI EST ARRIVÉ À TES PARENTS!!!

RENTREZ DANS VOS RUCHES, MES ABEILLES.

JE CONNAIS LA VÉRITÉ. LES CHEVALIERS CROIENT QUE MES PARENTS ONT TRANSFORMÉ TOUS...

...LES HABITANTS DES VILLAGES ENVIRONNANTS EN STATUES DE PIERRE. JE NE SUIS PAS MAGICIEN NI MON PÈRE NI MA MÈRE...

J'AIMERAIS MIEUX QUE TU ME TUES. AINSI, JE SERAIS LIBÉRÉ DE MA PEINE.

TU ES VRAIMENT PUISSANT! TU AS DÉCHIRÉ MON ARMURE D'UN SEUL COUP DE PATTE...

JE SUIS DÉSOLÉ POUR TES PARENTS. SI JE PEUX FAIRE QUELQUE CHOSE, DIS-LE MOI.

TU ES GENTIL. JE M'APPELLE BÉORF BROMANSON. DES LÉGENDES RACONTENT QUE LES HOMMANIMAUX FURENT LES PREMIERS HABITANTS DE LA PLANÈTE. CHAQUE FAMILLE VIVANT DANS NOTRE MAGNIFIQUE ROYAUME ÉTAIT INTIMEMENT LIÉE À UN ANIMAL. MALHEUREUSEMENT, LA RACE EST EN TRAIN DE S'ÉTEINDRE...

MÉFIANTS ENVERS LA BRANCHE DES OURS, LES HOMMES ONT TUÉ BEAUCOUP DES MIENS. SELON MON PÈRE, NOUS ÉTIONS LA DERNIÈRE FAMILLE DE CETTE LIGNÉE ENCORE VIVANTE. AUJOURD'HUI, JE SUIS SANS DOUTE LE DERNIER HOMME-OURS.

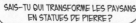

SAIS-TU QUI TRANSFORME LES PAYSANS EN STATUES DE PIERRE ?

J'AI VU LES ÊTRES HORRIBLES QUI SONT RESPONSABLES DE CES CRIMES. POUR L'INSTANT, JE SUIS TRISTE ET FATIGUÉ. VIENS ME VOIR DEMAIN ET JE TE DIRAI CE QUE JE SAIS SUR EUX.

À DEMAIN BÉORF !

DRÔLE DE PERSONNAGE CE BÉORF. ON POURRAIT PEUT-ÊTRE DEVENIR AMIS...

QUOI? UN FEU!!!

ÇA VIENT DE CHEZ LUI!

LES CHEVALIERS! ILS L'ONT EU!!!

ASSOMME-LE VITE!!!

TOK!

UNE FOIS ASSOMMÉ IL SE TRANSFORME EN HUMAIN ET LES ABEILLES NOUS LAISSENT EN PAIX!

MAIS... C'EST UN ENFANT!

LES INSECTS ABANDONNENT LE COMBAT. PAUVRE BÉORF... QU'EST-CE QU'ILS VONT FAIRE DE LUI ?

ON RENTRE... LA NUIT NE VA PAS TARDER À TOMBER

JE JURE DE TE SAUVER DU BÛCHER MON AMI !

SI VOUS NE POUVEZ LE LIBÉRER, QUI PEUT?

YAUNE-LE-PURIFICATEUR A ORDONNÉ QUE L'ON BRÛLE TOUTE PERSONNE PRATIQUANT LA MAGIE. EN TANT QUE CHEVALIER, JE NE PEUX CRITIQUER SA DÉCISION. NE PRENDS PAS LA DÉFENSE DU GARÇON LORS DU PROCÈS. TU POURRAIS CONNAÎTRE LE MÊME SORT QUE LUI.

EN QUOI CONSISTE CE FAMEUX PROCÈS? EXPLIQUE-MOI!

DANS SON CASQUE, YAUNE DÉPOSE UN PAPIER "COUPABLE" ET UN "INNOCENT". L'ACCUSÉ TIRE UN PAPIER. YAUNE-LE-PURIFICATEUR EST INSPIRÉ PAR LA LUMIÈRE ET NE SE TROMPE JAMAIS.

SI TON AMI EST INNO-CENT, LA VÉRITÉ ÉCLATERA AU GRAND JOUR ET IL SERA SAUVÉ. MAIS DE MÉMOIRE DE CHEVALIER, CE SERAIT BIEN LA PREMIÈRE FOIS QU'UNE TELLE CHOSE SE PRODUIRAIT!

JE VAIS LE SAUVER!

AMOS!

64

...QUE LE CHEVALIER BARTHÉLÉMY. AMOS EST CLAIRVOYANT. BARTHÉLÉMY DÉSIRE NOUS PROTÉGER ET JE LE REMERCIE DE TOUT CŒUR, MAIS BEAUCOUP DE GENS AURAIENT INTÉRÊT À ÉCOUTER CE QU'AMOS A À DIRE.

QU'IL EN SOIT SELON LA VOLONTÉ DU PÈRE ! JE SOUMETS CE GARÇON AU JEU DE LA VÉRITÉ. TU DOIS TIRER UN PAPIER AU HASARD, JEUNE PRÉTENTIEUX. SI TU PIOCHES LE PAPIER "COUPABLE", NOUS BRÛLERONS TROIS PERSONNES. LE JEUNE SORCIER, TON PÈRE ET TOI !

AMENEZ-MOI DEUX MORCEAUX DE PAPIER QUE JE M'EXÉCUTE !

JE ME SOUMETS AUX RÈGLES DU JEU DE LA VÉRITÉ. PERMETTEZ-MOI SIMPLEMENT DE LIRE CE QUI EST ÉCRIT SUR CES PAPIERS.

JE SUIS UN CHEVALIER, JE NE PEUX MENTIR NI TRICHER. MONTE SUR LA TRIBUNE ET QUE LA VÉRITÉ ÉCLAIRE CE ROYAUME !

JE PEUX VOIR DANS SES YEUX... IL TRICHE !

QUE FAIS-TU, PETIT SOT?

J'AI PRIS UN MORCEAU DE PAPIER ET JE L'AI MANGÉ.

MAIS POURQUOI AS-TU FAIT ÇA?!

PUISQUE J'AI MANGÉ LE PAPIER, PERSONNE ICI NE CONNAÎT LE VERDICT. POUR LE DÉCOUVRIR, REGARDONS CE QUI EST DANS LE CASQUE...

SI LE MOT "INNOCENT" SORT DU CASQUE, C'EST QUE J'AI MANGÉ CELUI OÙ EST INSCRIT "COUPABLE". PAR CONTRE, SI ON TROUVE LE MOT "COUPABLE"...

...NOUS SAURONS CE QUE ÇA SIGNIFIE ET NOTRE SALUT SERA ASSURÉ! MAINTENANT, J'AIMERAIS QUE BARTHÉLÉMY S'APPROCHE AFIN DE PRONONCER LE JUGEMENT.

COUPABLE!

J'AI DONC MANGÉ LE PAPIER AVEC LE MOT "INNOCENT". CAR BIEN SÛR, VOTRE CHEF EST HONNÊTE ET NE PEUT AVOIR ÉCRIT DEUX FOIS "COUPABLE"...

C'EST DONC LA VÉRITÉ QUI VIENT DE PARLER!!!

LA VÉRITÉ A PARLÉ, LIBÉREZ LE GROS GARÇON!!!

JE TE FERAI PAYER CHÈREMENT TA RUSE. TU SAURAS QU'ON NE CONTRARIE PAS LE SEIGNEUR DE BRATEL-LA-GRANDE IMPUNÉMENT.

REGARDEZ!

IL N'EST PAS AVEUGLE! VOUS VOYEZ BIEN!

IL JOUE À L'AVEUGLE, MAIS EN RÉALITÉ, IL NOUS OBSERVE!

JE VAIS LE MONTER DANS LA CHAMBRE.

LAISSE-MOI VOIR TES PAUVRES YEUX, MINET.

MAIS QU'EST-CE QU'IL RACONTE? TU ES AVEUGLE COMME UNE CHAUVE-SOURIS.

ALORS... BÉORF?

CE SONT DES FEMMES PUISSANTES, LEURS CORPS EST MONSTRUEUX. ELLES ONT DES AILES DANS LE DOS, DE LONGUES GRIFFES AUX PIEDS...

...UNE PEAU VERDÂTRE, UN LARGE NEZ, DES CROCS ACÉRÉS ET UNE LUEUR FLAMBOYANTE DANS LES YEUX.

LEUR CHEVELURE S'AGITE CONSTAMMENT... IMAGINEZ MA PEUR QUAND J'AI DÉCOUVERT QU'IL S'AGIT DE DIZAINES DE SERPENTS SE TORTILLANT SANS CESSE.

LA NUIT, CES SERPENTS MORDENT LES FEMMES ET LES FONT CRIER. UN LIQUIDE NOIR ET ÉPAIS S'ÉCOULE DE LEURS PLAIES. PUIS, ELLES PÉTRIFIENT LES ÊTRES VIVANTS AVEC LEUR REGARD ÉTRANGE...

COMMENT SAIS-TU POUR LEURS YEUX, SI CEUX QUI LES REGARDENT SE TRANSFORMENT EN STATUE ?

JE CHERCHAIS DES PETITS FRUITS PRÈS D'UN VILLAGE QUAND LA NUIT M'A SURPRIS. JE ME SUIS COUCHÉ DANS L'HERBE ET ME SUIS RÉVEILLÉ EN ENTENDANT DES CRIS.

EN OURS, JE ME SUIS APPROCHÉ DES HABITATIONS POUR VOIR CE QUI SE PASSAIT. CACHÉ DERRIÈRE LA FORGE, J'AI REGARDÉ PAR UN TROU DU MUR.

UN MIROIR, SÛREMENT UTILE AUX CHEVALIERS QUI SE PAVANENT DANS LEURS ARMURES, TRAÎNAIT DANS L'ATELIER DU FORGERON. GRÂCE À LUI, J'AI PU DISTINGUER CLAIREMENT LES CRÉATURES SANS ÊTRE PÉTRIFIÉ PAR LEUR REGARD.

MAIS... POURQUOI CES BÊTES S'ATTAQUENT-ELLES AUX HABITANTS DE CETTE VILLE?

NOUS CONNAISSONS AU MOINS LA FAÇON D'ÉVITER D'ÊTRE TRANS-FORMÉ EN STATUE. EN PLUS, IL EST ÉVIDENT QUE...

TON CHAT AVEUGLE NOUS ÉPIE...

CHUT! REGARDE DISCRÈTEMENT SUR LA POUTRE AU-DESSUS DE TOI.

CET ANIMAL N'EST PAS UN SIMPLE MINET DOMES-TIQUE. ATTENDEZ QU'IL DESCENDE!

CETTE SALE BÊTE NOUS ESPIONNE!

PAR ORDRE DE YAUNE-LE-PURIFICATEUR, NOUS DEVONS EXPULSER DE LA VILLE AMOS DARAGON ET SON AMI BÉORF!!!

74

MAIS... C'EST LE LIVRE SUR LES MONSTRES DE LA CONTRÉE MALÉFIQUE À LA FRONTIÈRE DE L'HYPERBORÉE!

TIENS, L'IMAGE DES MONSTRES QU'A DÉCRITS BÉORF. DES... GORGONES...

LES GORGONES
LES ORIGINES DES GORGONES

LA PRINCESSE MÉDUSE, UNE BELLE JEUNE FEMME, RÉGNAIT SUR UNE ÎLE DANS LA GRANDE MER DE L'HYPERBORÉE. SA BEAUTÉ ÉTAIT TELLE QUE PHORCYS, LE DIEU DES EAUX, EN ÉTAIT TOMBÉ FOLLEMENT AMOUREUX. CÉTO, LA SŒUR DE PHORCYS, DÉSIRAIT TANT GARDER POUR ELLE SEULE L'AMOUR DE SON FRÈRE QU'ELLE TRANSFORMA MÉDUSE EN UNE CRÉATURE RÉPUGNANTE ET DANGEREUSE.

POUR ÊTRE CERTAINE QUE PHORCYS NE CROISERAIT JAMAIS PLUS SON REGARD, ELLE DONNA À LA PRINCESSE LE DON DE TRANSFORMER EN STATUE DE PIERRE TOUT ÊTRE

VIVANT QUI LA REGARDERAIT DANS LES YEUX. MÉDUSE REÇUT AUSSI L'IMMORTALITÉ COMME CADEAU EMPOISONNÉ. ELLE FUT DONC CONDAMNÉE À SUPPORTER SA LAIDEUR POUR DES SIÈCLES ET DES SIÈCLES. CHAQUE FOIS QU'UN DE SES CHEVEUX-SERPENTS MORDAIT MÉDUSE, LA GOUTTE DE SANG QUI TOMBAIT PAR TERRE DEVENAIT IMMÉDIATE-MENT UN SERPENT, QUI APRÈS DE LONGUES ANNÉES, SE MÉTAMORPHOSAIT EN GORGONE.

APPAREMMENT, L'ÎLE DE LA BELLE MÉDUSE EXISTE TOUJOURS ET EST PEUPLÉE DE STATUES DE PIERRE.

CÉTO

77

JE CONNAIS L'HISTOIRE DE CES MONSTRES MAIS NE SAIS TOUJOURS PAS POURQUOI ILS ATTAQUENT LE ROYAUME DES CHEVALIERS DE LA LUMIÈRE. LE PÈRE DE BÉORF SEMBLE AVOIR ESSAYÉ D'ÉLUCIDER LE MYSTÈRE...

JE DOIS CONSULTER SES NOTES PERSONNELLES.

MAIS... C'EST LE DESSIN DU PENDENTIF DE YAUNE-LE-PURIFICATEUR!

HA! ÇA DEVIENT TRÈS INTÉRESSANT. IL FAUT LIRE TOUT ÇA!!!

"JEUNE, YAUNE-LE-PURIFICATEUR VOLA CETTE RÉPLIQUE SECRÈTE. À L'ÉPOQUE, ON L'APPELAIT YAUNE-LE-PROVOCATEUR. DANS UNE CONTRÉE LOINTAINE, ALORS QU'IL ATTAQUAIT AVEC SON ARMÉE UN VILLAGE PEUPLÉ DE SORCIERS, IL SUBTILISA DANS UN TEMPLE SACRÉ, CET IMPORTANT OBJET DE MAGIE NOIRE. LE PROPRIÉTAIRE DU PENDENTIF, UN CRUEL MAGICIEN DE L'OMBRE, EST À LA RECHERCHE DE SON BIEN DEPUIS CE TEMPS.

78

UN SEUL HOMME DE L'ARMÉE DES CHEVA-LIERS DE LA LUMIÈRE ÉTAIT REVENU SAIN ET SAUF À BRATEL-LA-GRANDE. CLAMANT QU'IL AVAIT ÉLIMINÉ TOUS SES ENNEMIS, YAUNE-LE-PROVOCATEUR REÇUT LE NOM DE YAUNE-LE-PURIFICATEUR ET FUT PROCLAMÉ SEIGNEUR ET MAÎTRE DE LA CAPITALE." TOUT S'EXPLIQUE ! C'EST AU COURS DE CETTE BATAILLE QU'EST MORT LE PÈRE DE BARTHÉLÉMY. LES GORGONES SONT AU SERVICE...

... DE CE MAGICIEN DE L'OMBRE. TANT QU'IL NE RÉCUPÉRERA PAS SON PENDENTIF, LA VILLE ET SES ENVIRONS SERONT EN DANGER. VOILÀ POURQUOI YAUNE BRÛLE TOUS LES MAGICIENS.

IL SAIT QU'IL N'EST PAS DE TAILLE À LUTTER CONTRE LE SORCIER... MAIS... QUELQU'UN M'OBSERVE...

?!//!

JE DOIS ALLER AU BOIS DE TARKASIS POUR REMETTRE LA PIERRE À GWENFADRILLE ET LUI DIRE QUE LE ROYAUME DE CRIVANNIA EST TOMBÉ AUX MAINS DES MERRIENS ET QUE LA PRINCESSE M'A ÉLU PORTEUR DE MASQUES...

SI SEULEMENT JE POUVAIS SAVOIR À QUOI RIME TOUT ÇA.

JE VAIS TE RÉDUIRE EN BOUILLIE, SALE BÊTE !

83

84

 ... QU'EST-CE QUI PEUT PASSER PAR-DESSUS UNE MAISON UNE FOIS, PAS DEUX ?

 SIMPLE, UN ŒUF ! IL PEUT SAUTER PAR-DESSUS UNE MAISON LORSQU'IL EST LANCÉ PAR QUELQU'UN, MAIS NE PEUT SAUTER NULLE PART APRÈS L'ATTERRISSAGE !

 JE COMMENCE TOUJOURS PAR UNE FACILE POUR EUH... M'ÉCHAUFFER UN PEU ! EN VOICI UNE AUTRE PLUS COMPLEXE ! QUELLE BÊTE PEUT PASSER PAR-DESSUS UNE MAISON ET NE PEUT FRANCHIR UNE RIGOLE D'EAU ?

 VOUS LA CROYEZ PLUS DIFFICILE ? ELLE EST, JE PENSE, BEAUCOUP PLUS SIMPLE QUE L'AUTRE. C'EST LA FOURMI, BIEN SÛR.

 BONNE CHANCE AVEC CELLE-LÀ ! QU'EST-CE QUI FAIT LE TOUR DU BOIS SANS JAMAIS Y PÉNÉTRER ?

 L'ÉCORCE !!! VRAIMENT TROP FACILE !

 CELLE-LÀ, C'EST LA MEILLEURE ! ÉCOUTEZ BIEN ! QUI FAIT DE L'OMBRE DANS LE BOIS SANS JAMAIS Y ÊTRE ?

 C'EST LE SOLEIL.

VOUS QUI VOUS CROYEZ SI MALIN, RÉPONDEZ À CETTE QUESTION : PLUS ON EN MET ET MOINS ÇA PÈSE !

HUMMM ?

JE NE SAIS PAS. QU'EST-CE QUE C'EST ?

JE VOUS LE DIRAI LORSQUE VOUS M'AUREZ EXPLIQUÉ CE QUE VOUS VOUS FAITES ICI.

VOUS JUREZ DE ME LE DIRE ?

JE N'AI QU'UNE PAROLE !

JE SUIS VENU ENQUÊTER SUR LES ÉVÉNEMENTS CONCERNANT YAUNE-LE-PURIFICATEUR ET LE PENDENTIF.

PAR LES YEUX DE MON CHAT, J'AI LU LES MÊMES CHOSES QUE VOUS. SELON MON ORDRE DRUIDIQUE, LE PENDENTIF EST DANGEREUX... PENDANT LA NUIT, JE L'AI PRIS À YAUNE TRANSFORMÉ EN STATUE POUR QUE LES GORGONES NE PUISSENT LE REMETTRE À LEUR MAÎTRE. JE SUIS PUISSANT, CERTES, MAIS JE NE PEUX M'IMPLIQUER DIRECTEMENT DANS CETTE AFFAIRE.

JE SUIS UN MAGICIEN DE LA NATURE... DEUX FORCES S'AFFRONTENT DANS CE MONDE : LE BIEN ET LE MAL. ELLES SE LIVRENT, DEPUIS LE DÉBUT DES TEMPS, UNE BATAILLE FÉROCE PAR LE BIAIS DES HUMAINS.

LES PORTEURS DE MASQUES, DES HUMAINS, DISPOSENT DE GRANDES QUALITÉS SPIRITUELLES ET INTELLECTUELLES. LEUR MISSION DE RÉTABLIR L'ÉQUILIBRE ENTRE LE BIEN ET LE MAL. VOUS AVEZ ÉTÉ ÉLU PREMIER HOMME D'UNE NOUVELLE GÉNÉRATION DE GUERRIERS.

UNE GRANDE GUERRE SE PRÉPARE. DÉJÀ, LES MERRIENS S'ATTAQUENT AUX SIRÈNES ET, BIENTÔT, ILS S'EMPARERONT DES OCÉANS...

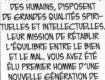

RENDEZ-VOUS VITE AU BOIS DE TARKASIS. JE VOUS REDONNE VOTRE PIERRE ET VOUS CONFIE LE PENDENTIF. À VOUS DE JUGER S'IL DOIT ÊTRE RENDU À SON PROPRIÉTAIRE.

PUIS-JE CONNAÎTRE LA RÉPONSE À VOTRE ÉNIGME MAINTENANT ?

DES TROUS DANS UNE PLANCHE DE BOIS.

ELLE EST BONNE ! MEILLEURE QUE LES MIENNES ! DES TROUS ! HA, HA, HA ! C'EST ÉVIDENT... PLUS ON EN MET ET MOINS ÇA PÈSE ! HA, HA, HA !

ELLE EST VRAIMENT BONNE ! EXCELLENTE ! HA, HA, HA, HA, !

AU REVOIR ET BONNE CHANCE !

HA, HA, HA... DES TROUS DANS UNE...

JE PENSE QUE NOUS SOMMES VRAIMENT DANS DE BEAUX DRAPS !

JE SUIS DÉSESPÉRÉ, BÉORF. JE NE SAIS QUE FAIRE DE CETTE PIERRE ET DE CET HORRIBLE PENDENTIF. J'IGNORE OÙ SE TROUVENT MES PARENTS ET JE NE CONNAIS RIEN DE LA TÂCHE DU PORTEUR DE MASQUES. MON TRIDENT SEMBLE ÊTRE UNE ARME REDOUTABLE DONT JE NE SAIS ME SERVIR. ET UN MAGICIEN DES TÉNÈBRES ET SON ARMÉE DE GORGONES SE PRÉPARENT À NOUS ATTAQUER...

J'IGNORE QUELLE EST LA MEILLEURE SOLUTION POUR NOUS SORTIR DE CE PÉTRIN.

TENTONS D'ANALYSER CALMEMENT LA SITUATION . TA MISSION PREMIÈRE EST DE TE RENDRE AU BOIS DE TARKASIS.

LE MAGICIEN DES TÉNÈBRES EST VENU ICI POUR RÉCUPÉRER LE PENDENTIF. SI TU PARS AVEC LE BIJOU, LES GORGONES TE SUIVRONT ET ENSORCELLERONT D'AUTRES VILLAGES. VA CHERCHER DE L'INFORMATION SUR TA MISSION PENDANT QUE JE PROTÈGE LE PENDENTIF ICI. JE LAISSERAI DES INDICES DE MA PRÉSENCE ET DU COLLIER...

90

NOUS APPRENDRONS QUI IL EST, OÙ IL SE CACHE ET COMMENT NOUS EN DÉBARRASSER... VA, QUITTE LE ROYAUME AVANT LA NUIT... C'EST LA MEILLEURE SOLUTION.

TU AS RAISON, MON AMI, PRENDS-LE!

JE PARS. FAIS BIEN ATTENTION À TOI!

LES GORGONES, J'EN FAIS MON AFFAIRE!

LE BOIS DE TARKASIS ? JE NE CONNAIS PAS, MON GARÇON.

DE TOUS LES MONSTRES DU LIVRE... "AL-QATRUM", LE PLUS TERRIFIANT EST UN BASILIC... QUI NAÎT D'UN OEUF DE COQ... BIZARRE !

JE CHERCHE EN VAIN DEPUIS DÉJÀ DEUX SEMAINES...

TIENS... UN AUTRE VILLAGE.

J'AI TELLEMENT SOIF...

QUI ES-TU, JEUNE HOMME, ET QUE FAIS-TU ICI ?

JE DOIS ME RENDRE AU BOIS DE TARKASIS. JE NE CONNAIS PAS LA RÉGION, POUVEZ-VOUS M'AIDER?

EN DEUX JOURS, TU ES LA DEUXIÈME PERSONNE QUI ME PARLE DE CE BOIS. C'EST QUAND MÊME ÉTRANGE, NON?

QUI AVEZ-VOUS VU? QUI VOUS A POSÉ CETTE QUESTION?

UN TRÈS GENTIL MONSIEUR ET SA FAMILLE. ILS M'ONT ÉGALEMENT DEMANDÉ SI J'AVAIS VU UN GARÇON AUX CHEVEUX LONGS ET NOIRS QUI PORTAIT UNE ARMURE DE CUIR, UNE BOUCLE D'OREILLE ET UNE ESPÈCE DE BÂTON EN IVOIRE SUR LE DOS. HIER, JE NE L'AVAIS PAS VU MAIS, AUJOURD'HUI, IL EST DEVANT MOI!

CE SONT MES PARENTS!!! S'IL VOUS PLAÎT MADAME, DITES-MOI DE QUEL CÔTÉ ILS SONT PARTIS!

JE CROIS BIEN QU'ILS ONT PRIS CE CHEMIN.

MAIS... AVANT QUE TU PARTES JE DOIS TE RACONTER QUELQUE CHOSE, MON JEUNE AMI...

J'AI RÊVÉ QUE JE PRÉPARAIS DES PETITS PAINS. TOUS LES GENS DE MA FAMILLE ÉTAIENT AUTOURS DE MOI, TRANSFORMÉS EN PIERRE. TU AS SOUDAINEMENT SURGI DANS MON RÊVE EN ME DEMANDANT À MANGER. JE T'AI DONNÉ UN PAIN DANS LEQUEL TU AS TROUVÉ UN ŒUF DUR. JE T'AI DIT:

"ON TROUVE SOUVENT DES ŒUFS LÀ OÙ ON S'Y ATTEND LE MOINS". COMME ON NE RÊVE JAMAIS POUR RIEN, JE TE DONNE DES PETITS PAINS ET UN ŒUF. MAINTENANT, VA RETROUVER TES PARENTS.

MERCI!

QUEL RÊVE ÉTRANGE.

QU'EST-CE QU'ELLE A DIT DÉJÀ?

"ON TROUVE SOUVENT DES ŒUFS LÀ OÙ ON S'Y ATTEND LE MOINS."

MAIS... OUI !!!

VITE, MON LIVRE DE AL-QATRUM!

LE TEXTE SUR CE MONSTRE BIZARRE... BASILIC! LE VOILÀ!!!

COMME LES CRÉATURES LES PLUS ABOMINABLES ET EFFRAYANTES DE CE MONDE...

BASILIC

... CE MONSTRE ÉTAIT L'ŒUVRE DES MAGICIENS DES TÉNÈBRES. POUR EN FAIRE NAÎTRE UN, IL FALLAIT TROUVER UN ŒUF DE COQ ET LE FAIRE COUVER PAR UN CRAPAUD PENDANT AU MOINS UNE JOURNÉE. AINSI, VOYAIT LE JOUR UN MONSTRE QUI, PAR SON SEUL SIFFLEMENT, ÉTAIT CAPABLE DE PARALYSER SA VICTIME POUR L'ATTAQUER ENSUITE.

LE BASILIC MORD TOUJOURS AU MÊME ENDROIT, DANS LA CHAIR DE LA NUQUE. EXTRÊMEMENT VENIMEUSE, SA MORSURE EST FATALE. SON REGARD PEUT FLÉTRIR LA VÉGÉTATION AUTOUR DE LUI OU RÔTIR UN OISEAU EN PLEIN VOL. PAS PLUS GROS QU'UNE POULE, AGILE COMME UN SERPENT, LE BASILIC TUE JUSTE POUR LE PLAISIR. LES HUMAINS SONT SES PROIES PRÉFÉRÉES. DE NOMBREUSES VILLES ONT ÉTÉ COMPLÈTEMENT DÉCIMÉES PAR TROIS OU QUATRE DE CES MONSTRES.

YAUNE-LE-PURIFICATEUR TENAIT À RÉCUPÉRER LE PENDENTIF VOLÉ QUI CONTENAIT SÛREMENT... UN ŒUF DE COQ! LE PENDENTIF NE SERT QU'À PROTÉGER L'ŒUF QUI PERMETTRAIT AU MAGICIEN DES TÉNÈBRES DE CRÉER LE BASILIC DESTRUCTEUR!!!

MON AMI BÉORF, TU ES EN GRAND DANGER...

REGARDE, JE SUIS COMME TOI, SIII, JE SUIS UN HOMMANIMAL. QUOI? SIII, EST-CE LA PREMIÈRE FOIS QUE TU VOIS UN AUTRE MEMBRE DE TON ESPÈCE?

OUI...

NOTRE RACE DISPARAÎT SIII PARCE QUE LES HUMAINS SONT JALOUX DE NOTRE POUVOIR SIII ET NOUS POURCHASSENT!

MOI JE SUIS UN SIII, UN NAGAS... UN HOMME-SERPENT... SIII...

TOUT SIII CE QUI RAMPE, QUI MORD ET QUI EST VENIMEUX EST SOUS MON CONTRÔLE SIII COMME LES GORGONES À CHEVEUX DE SERPENTS SIII, JE SUIS UN GENTIL SORCIER QUI DEVIENT MÉCHANT SEULEMENT SIII LORSQU'ON EST MÉCHANT AVEC LUI.

ALORS POURQUOI AVOIR CHANGÉ TOUS LES HABITANTS DU ROYAUME EN STATUES AVEC VOTRE ARMÉE DE GORGONES? VOUS VOULEZ RÉCUPÉRER VOTRE PENDENTIF ET VOUS VENGER DE YAUNE, MAIS POURQUOI PUNIR TANT D'INNOCENTS? POUR ASSOUVIR VOTRE SOIF DE VENGEANCE?

MAIS C'EST QU'IL EST MALIN LE BÉORITE! LES HOMMES-OURS NE SONT PEUT-ÊTRE PAS AUSSI STUPIDES QU'ON LE DIT!

LES HABITANTS DE CE ROYAUME ONT ÉTÉ SIII, ONT ÉTÉ PUNIS POUR AVOIR FAIT CONFIANCE À SIII, À UN VOLEUR ET UN MEURTRIER. LAISSE-MOI TE RACONTER MA VERSION...

JE VIVAIS PAISIBLEMENT DANS MON VILLAGE. AU CŒUR D'UN DÉSERT DE PIERRE, LES, SIII, LES NAGAS COHABITAIENT EN PAIX AVEC LES HOMMES DE LA VILLE VOISINE. NOUS ÉTIONS DES ARTISANS TRAVAILLANT L'OR, NOUS POSSÉDIONS BEAUCOUP DE RICHESSES.

LES HUMAINS FINIRENT PAR NOUS ENVIER ET FIRENT APPEL AUX CHEVALIERS DE LA LUMIÈRE POUR NOUS EXTERMINER.

LES GORGONES VINRENT À NOTRE RESCOUSSE, MAIS IL ÉTAIT TROP TARD.

MA FEMME ET MES QUINZE ENFANTS, SIII, FURENT TUÉS. SEUL YAUNE-LE-PURIFICATEUR A RÉUSSI À SAUVER SA PEAU. TU SAIS POURQUOI ?

PARCE QUE, DURANT LA BATAILLE FINALE CONTRE LES GORGONES, YAUNE VOLA NOS RICHESSES DANS L'UN DE NOS TEMPLES. LE PENDENTIF APPARTIENT À MON PEUPLE. JE LE RÉCUPÉRERAI !

LES SURVIVANTS DE MA RACE ONT VOULU SE VENGER DES HOMMES QUI NOUS PERSÉCUTENT PARCE QUE NOUS SOMMES DIFFÉRENTS.

TOI ET MOI SOMMES VICTIMES DES HUMAINS ET DEVONS UNIR NOS FORCES CONTRE EUX. VIENS LÀ, JE SERAI TON NOUVEAU PÈRE...

NON! MON PÈRE ME DISAIT DE ME MÉFIER DES HOMMES-SERPENTS ET DE LEUR SOIF DE POUVOIR. IL EST MORT À PRÉSENT, ET JE N'AI BESOIN DE PERSONNE POUR LE REMPLACER.

VOUS VOULEZ M'AMADOUER POUR RÉCUPÉRER VOTRE PENDENTIF. JE L'AI CACHÉ ET VOUS NE LE TROUVEREZ JAMAIS!

104

TU AS ÉCOUTÉ MON HISTOIRE ET TU NE ME DONNES RIEN, JEUNE HOMME?

SOYEZ ASSURÉ QUE VOTRE HISTOIRE MÉRITE PLUS QUE MES SIMPLES APPLAUDISSEMENTS. VOUS DEVREZ MALHEUREUSEMENT VOUS EN CONTENTER, CAR JE CHERCHE MES PARENTS ET NE POSSÈDE RIEN.

J'AI DÉJÀ TOUT CE DONT J'AI BESOIN DANS CE CHAPEAU. ME FERAIS-TU L'HONNEUR DE PARTAGER DES VICTUAILLES AVEC MOI?

AVEC JOIE!

JE M'APPELLE JUNOS... ET TOI, QUEL EST TON NOM?

VOUS VOUS APPELEZ VRAIMENT COMME LE PERSONNAGE DE VOTRE HISTOIRE?

MON AMI, JE PUISE L'INSPIRATION OÙ JE LA TROUVE. TOUS MES HÉROS PORTENT MON NOM. CELA ME RAPPELLE LE TEMPS OÙ MON PÈRE ME RACONTAIT DES HISTOIRES. TOUS LES HÉROS DE SES RÉCITS PORTAIENT EUX AUSSI MON NOM.

MOI, JE M'APPELLE AMOS DARAGON, ET JE SUIS ENCHANTÉ DE FAIRE VOTRE CONNAISSANCE.

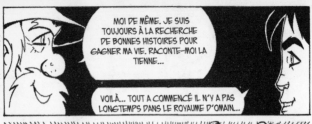

MOI DE MÊME. JE SUIS TOUJOURS À LA RECHERCHE DE BONNES HISTOIRES POUR GAGNER MA VIE. RACONTE-MOI LA TIENNE...

VOILÀ... TOUT A COMMENCÉ IL N'Y A PAS LONGTEMPS DANS LE ROYAUME D'OMAIN...

C'EST UNE BIEN BELLE HISTOIRE. JE VAIS T'EN RACONTER UNE SUR LE BOIS DE TARKASIS, QUE PERSONNE NE CROIT. VEUX-TU L'ENTENDRE ?

JE VOUS ÉCOUTE.

IL Y A DE CELA TRÈS LONGTEMPS, VIVAIT, TOUT PRÈS DU BOIS DE TARKASIS, UN PETIT GARÇON QUI AVAIT UNE IMAGINATION DÉBORDANTE ET UN CHIEN MAGNIFIQUE. LES PARENTS DU GARÇON LE PRÉVENAIENT SOUVENT DES DANGERS DU BOIS OÙ DISPARAISSAIENT TOUS CEUX QUI OSAIENT S'Y AVENTURER. UN JOUR, LE GARÇON PERDIT SON CHIEN ET L'ENTENDIT ABOYER DANS LE BOIS. IL S'ENFONÇA DANS LA FORÊT...

IL MARCHA TRÈS LONGTEMPS. SOUDAIN, UNE LUMIÈRE JAILLIT D'UNE FLEUR ET SE MIT À VIREVOLTER AUTOUR DE LUI. LE GARÇON COMPRIT QU'IL ÉTAIT ENTRÉ DANS LE ROYAUME DES FÉES. L'ENFANT DANSA AVEC LES LUMIÈRES JUSQU'À TOMBER D'ÉPUISEMENT. IL S'ENDORMIT... ET À SON RÉVEIL, IL AVAIT VIELLI DE CINQUANTE ANS!

JE CONNAIS CETTE HITOIRE!

SES CHEVEUX ÉTAIENT BLANCS ET IL AVAIT UNE LONGUE BARBE. IL REVINT VERS SA MAISON, MAIS ELLE N'Y ÉTAIT PLUS. IL MARCHA ET SE RETROUVA DANS LA VILLE NOMMÉE BERRION.

IL RACONTA SON HISTOIRE À TOUS MAIS ON LE PRIT POUR UN FOU. UN JOUR, IL ACCEPTA SA CONDITION DE VIEILLARD ET COMMENÇA SA VIE DE CONTEUR. AMOS, CETTE HISTOIRE EST LA MIENNE. ME CROIS-TU?

OUI! JE VOUS CROIS. MON PÈRE ME L'AVAIT RACONTÉE!

JE PROMETS ICI, DEVANT VOUS, DE VOUS RENDRE LA JEUNESSE QUE VOUS CHERCHEZ DEPUIS SI LONG-TEMPS. AMENEZ-MOI AU BOIS DE TARKASIS ET JE RÉPARERAI LE TORT QU'ON VOUS A CAUSÉ.

MERCI AMOS, POUR L'INTENTION... MAIS, JE NE CROIS PAS QUE CE SERA POSSIBLE.

DORS CHEZ MOI CE SOIR. DEMAIN, ON PARS POUR TARKASIS...

J'AI UNE AUTRE HISTOIRE, AMOS. À L'AUBE...

... ELLES LIVRÈRENT UN COMBAT AUX GOBELINS, PUIS AUX TROLLS ET FINALEMENT, RÉUSSIRENT À AFFAIBLIR LES OGRES POUR LES OBLIGER À S'EXILER. CEUX-CI MIGRÈRENT VERS LE NORD. PUIS, DE L'EST ARRIVÈRENT LES HOMMES.

C'ÉTAIENT DE PUISSANTS GUERRIERS, MONTÉS SUR DE MAJESTUEUX CHEVAUX. ILS PRIRENT POSSESSION DES TERRES ET N'OBLIGÈRENT LES FÉES À SE RÉFUGIER DANS LES BOIS. LEURS ROYAUMES DEMEURAIENT SECRETS ET INACCESSIBLES.

ELLES RESPECTAIENT UNE HIÉRARCHIE SOCIALE TRÈS STRICTE ET TRAVAILLAIENT DE CONCERT AVEC LES DRUIDES, DONT LA TÂCHE CONSISTAIT À PROTÉGER LA NATURE, LES ANIMAUX ET LES ROYAUMES DES FÉES.

LES FÉES CHOISISSAIENT LES HUMAINS APPELÉS À DEVENIR DRUIDES. ELLES VOLAIENT LES ENFANTS AU BERCEAU ET LES REMPLAÇAIENT PAR DES MORCEAUX DE BOIS...

108

JUNOS, SAVEZ-VOUS QUELQUE CHOSE SUR LES " PORTEURS DE MASQUES "

HUMMM... IL Y A BIEN LONGTEMPS J'AI ENTENDU PARLER D'UN HOMME QUI AVAIT TERRASSÉ, À LUI SEUL, UN DRAGON. ON L'APPELAIT "LE PORTEUR"... MAIS LA LÉGENDE N'EN DIT PAS D'AVANTAGE À CE SUJET.

MERCI JUNOS, POUR TOUTES CES BELLES HISTOIRES... ET MAINTENANT JE PENSE... QUE JE VAIS... DORMIR... OUI...

...DORMIR... ET PEUT-ÊTRE...

RÊVER... OUI... OUI... RÊVER...

ENFONCE LE TRIDENT DANS LA PIERRE ET OUVRE LE PASSAGE... ENFONCE LE TRIDENT ET OUVRE LE PASSAGE... ENFONCE LE TRIDENT DANS LA PIERRE...

QUEL RÊVE ÉTRANGE, JE ME DEMANDE CE QU'IL SIGNIFIE...

LE BOIS DE TARKASIS N'EST PAS LOIN... À SEULEMENT QUELQUES HEURES DE MARCHE.

C'EST LÀ!

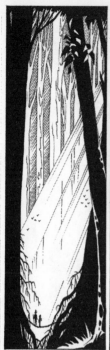

C'EST UNE IMPASSE... REPARTONS.

NON, REGARDEZ CETTE ROCHE...

HUMMM... BIZARRE...

MON RÊVE!

"ENFONCE LE TRIDENT DANS LA PIERRE ET OUVRE LE PASSAGE..." LES AUTRES TROUS DOIVENT SERVIR À ACCUEILLIR D'AUTRES TYPES D'ARMES REPRÉSENTANT CHACUNE UN DES ÉLÉMENTS...

LE PREMIER TROU REPRÉSENTE L'AIR ET ATTEND SÛREMENT UNE FLÈCHE. MON TRIDENT SYMBOLISE L'EAU, CAR IL EST L'ARME DE LA SIRÈNE. LE TROISIÈME EST FAIT POUR UNE ÉPÉE FORGÉE DANS LE FEU ET LE QUATRIÈME POUR UNE ARME REPRÉSENTANT LA TERRE. LES ARMES SONT DES CLÉS!!! VOILÀ POURQUOI CRIVANNIA M'A DIT D'EMPORTER LE TRIDENT!!!

MAIS...

...C'EST LE DRUIDE !

BIENVENUE AU ROYAUME DE GWENFADRILLE, MONSIEUR DARAGON.

DÉPÊCHONS-NOUS, LES FÉES SONT DÉJÀ EN RÉUNION.

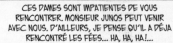

CES DAMES SONT IMPATIENTES DE VOUS RENCONTRER. MONSIEUR JUNOS PEUT VENIR AVEC NOUS. D'AILLEURS, JE PENSE QU'IL A DÉJÀ RENCONTRÉ LES FÉES... HA, HA, HA!...

CHERS AMIS, GWENFA-DRILLE, REINE DU BOIS DE TARKASIS, EST HEUREUSE DE VOUS ACCUEILLIR CHEZ ELLE POUR LA RÉSUR-RECTION DU CULTE DES PORTEURS DE MASQUES.

LE PORTEUR A ÉTÉ CHOISI PAR CRIVANNIA, PRINCESSE DES EAUX PROFONDES, POUR ACCOMPLIR LA MISSION. IL A ÉTÉ RECONNU COMME TEL À BRATEL-LA-GRANDE PAR NOTRE PLUS ANCIEN DRUIDE, MASTAGANE LE BOUEUX, AINSI QUE PAR LA DAME BLANCHE.

AMOS DARAGON, ICI PRÉSENT, DEVIENDRA, POUR LE BÉNÉFICE DE L'ÉQUILIBRE DE CE MONDE, LE PREMIER PORTEUR DE MASQUES D'UNE NOUVELLE GÉNÉRATION DE HÉROS. QUE CELUI QUI S'OPPOSE À SA NOMINATION PARLE MAINTENANT OU QU'IL SE TAISE À JAMAIS !

MOI, JE M'OPPOSE À CE CHOIX!

JE REFUSE DE SERVIR QUI QUE CE SOIT SANS MÊME COMPRENDRE CE QU'ON ATTEND DE MOI. JE NE DOUTE PAS QUE VOUS ME FASSIEZ UN GRAND HONNEUR, MAIS JE VEUX QUE VOUS M'EXPLIQUIEZ MA MISSION.

MASTAGANE, VOUS NE LUI AVEZ DONC RIEN DIT?

OUI... UN PEU... MAIS PAS TOUT... JE CROYAIS QUE C'ÉTAIT VOUS QUI DEVIEZ LE LUI DIRE. GWENFADRILLE...

ÊTES-VOUS EN TRAIN DE ME DIRE QUE CE GARÇON A FAIT TOUT CE CHEMIN JUSQU'ICI SANS SAVOIR CE QU'EST UN PORTEUR DE MASQUES?

JE PENSE QUE C'EST CELA...

D'ABORD, JE SUIS VENU JUSQU'ICI POUR VOUS LIVRER UN MESSAGE : VOTRE AMIE CRIVANNIA, PRINCESSE DES EAUX, EST MORTE. AVANT DE MOURIR, ELLE M'A DEMANDÉ DE VOUS REMETTRE CETTE PIERRE BLANCHE ET DE VOUS DIRE QU'ELLE M'A CHOISI COMME PORTEUR DE MASQUES. VOUS SAVEZ DÉJÀ TOUT CELA, N'EST-CE PAS?

OUI, NOUS LE SAVIONS DÉJÀ. DONNE-MOI LA PIERRE ET ÉCOUTE-MOI. AUTREFOIS, LE MONDE FUT DIVISÉ ENTRE LES CRÉATURES DE LA LUMIÈRE ET CELLES DES TÉNÈBRES QUI SE BATTAIENT POUR DOMINER LE MONDE. LES SOUVERAINS DES DEUX CAMPS DÉCIDÈRENT DE DÉSIGNER DES HUMAINS PORTEURS DE MASQUES CONNAISSANT LE BIEN ET LE MAL AFIN QU'ILS FASSENT RÉGNER LA PAIX.

ILS POSSÉDAIENT CHACUN QUATRE MASQUES CORRESPONDANT AUX QUATRE ÉLÉMENTS. SUR CHACUN D'EUX ÉTAIENT ENCHÂSSÉES QUATRE PIERRES DE POUVOIR.

DES BLANCHES POUR L'AIR, DES BLEUES POUR L'EAU, DES ROUGES POUR LE FEU ET DES NOIRES POUR LA TERRE. PENDANT DE LONGUES ANNÉES, LE BIEN ET LE MAL VÉCURENT EN PARFAIT ÉQUILIBRE. MAIS ON FIT L'ERREUR DE NE PAS REMPLACER LES PORTEURS DE MASQUES : LEURS PIERRES FURENT PARTAGÉES ENTRE LES DEUX FORCES. MAINTENANT, LES ÊTRES DE LA NUIT ONT REPRIS LE COMBAT EN ATTAQUANT LES MERRIENS.

L'ATTAQUE DES MERRIENS CONTRE LES SIRÈNES EN EST LE MEILLEUR EXEMPLE. VOILÀ POURQUOI NOUS DÉSIRONS FAIRE RENAÎTRE L'ORDRE DES PORTEURS DE MASQUES.

VOUS AVEZ PARLÉ PLUS TÔT, D'UNE DAME BLANCHE. J'AI VU CETTE FEMME DEUX FOIS, QUI EST-ELLE AU JUSTE ?

C'EST LA CONSCIENCE QUI ACCOMPAGNE ET GUIDE LES GUERRIERS DE L'ÉQUILIBRE. CHAQUE PORTEUR DE MASQUES EST PARRAINÉ PAR LA DAME BLANCHE. ELLE SERA LÀ POUR T'INDIQUER LA VOIE À SUIVRE.

SI TU ACCEPTES CETTE DESTINÉE, JE TE FERAI CADEAU DU MASQUE DE L'AIR AVEC SA PIERRE BLANCHE. IL TE FAUDRA ENSUITE DÉCOUVRIR LES AUTRES MASQUES ET LES PIERRES MANQUANTES. TU CONTRÔLERAS MIEUX LES ÉLÉMENTS À MESURE QUE TU TROUVERAS CES OBJETS.

AMOS, ACCEPTES-TU NOTRE PROPOSITION?

J'ACCEPTE À UNE CONDITION!

C'EST INUSITÉ... MAIS VAS-Y QUAND MÊME, NOUS T'ÉCOUTONS.

118

121

122

TIENS... TU DOIS AVOIR FAIM, TOI AUSSI, NON ?

MERCI BEAUCOUP MAIS JE NE CONSOMME QUE DES INSECTES. J'ADORE LES CAFARDS BOUILLIS DANS DU SANG DE CRAPAUD. C'EST UN PUR DÉLICE ! TU DEVRAIS ESSAYER MA RECETTE UN DE CES JOURS.

OUI... OUI... BIEN SÛR... UN DE CES JOURS... PEUT-ÊTRE... DES CAFARDS... HÉ, HÉ !...

MAIS... QUI ES-TU ET POURQUOI M'AS-TU AIDÉ ?

APPELLE-MOI MÉDUSA. C'EST UN NOM HÉRITÉ DE LA PRINCESSE MÉDUSE... TOI, TU T'APPELLES BÉORF, JE LE SAIS. ON DIT QUE TU PEUX TE MÉTAMORPHOSER EN OURS, EST-CE QUE C'EST VRAI ?

VOILÀ !

CACHE TES YEUX, J'AIMERAIS TE REGARDER.

C'EST MAGNIFIQUE, UN OURS! JAMAIS JE N'AI VU TELLE BÊTE...

POUR RÉPONDRE À TA QUESTION, JE T'AI AIDÉ PARCE QUE J'AI AUSSI BESOIN D'AIDE. KARMAKAS EST UN MÉCHANT SORCIER. PAR SA MAGIE, IL NOUS A OBLIGÉES À VENIR ICI POUR EXÉCUTER SES VOLONTÉS.

SI NOUS DÉFIONS SES ORDRES, LES SERPENTS DE NOTRE CHEVELURE NOUS MORDENT. LES GORGONES M'ONT ENVOYÉE POUR TE DÉLIVRER. NOUS NE VOULONS DE MAL À PERSONNE ET NOUS SAVONS COMMENT REDONNER VIE...

... AUX STATUES QUE NOUS CRÉONS.. NOUS NE VOULONS PLUS NOUS BATTRE ET NOUS DÉSIRONS RENTRER CHEZ NOUS POUR VIVRE EN PAIX.

JE TE L'AI DIT. NOTRE POUVOIR NE FONCTIONNE PAS SUR KARMAKAS ET IL NOUS TIENT PRISONNIÈRES.

PUIS-JE TE DEMANDER QUELQUE CHOSE, MÉDOUSA?

124

TOUT CE QUE TU VEUX.

J'AIMERAIS BIEN VOIR TES YEUX, TON VISAGE...

JE TE L'AI DIT JEUNE OURS! C'EST IMPOSSIBLE, TU SERAIS IMMÉDIATEMENT CHANGÉ EN PIERRE!

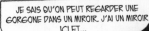
JE SAIS QU'ON PEUT REGARDER UNE GORGONE DANS UN MIROIR. J'AI UN MIROIR ICI ET...

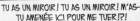
TU AS UN MIROIR! TU AS UN MIROIR! M'AS-TU AMENÉE ICI POUR ME TUER!?!

!???

SI TU VEUX ME TUER, FAIS-LE MAINTENANT!

TIENS, VOILÀ! PLUS DE MIROIR!

CALME-TOI, S'IL TE PLAÎT, TU ES BELLE ET JE VOULAIS VOIR TES YEUX, C'EST TOUT!

RAPPELLE-TOI, BÉORF, QU'UNE GORGONE TOMBE EN POUSSIÈRE EN SE REGARDANT DANS UNE GLACE.

ÇA TOMBE BIEN, JE N'AI JAMAIS AIMÉ LES FILLES QUI PASSENT DES HEURES DEVANT LA GLACE!

MAIS, DIS-MOI, MÉDOUSA... J'AI DÉJÀ VU DES GORGONES ET... EUH... ELLES N'ÉTAIENT... EUH.... PAS TRÈS AGRÉABLES À REGARDER... ALORS QUE TOI...

JE VOIS OÙ TU VEUX EN VENIR. À DIX-NEUF ANS ET DEMI, C'EST-À-DIRE...

... À L'ÂGE PRÉCIS OÙ MÉDUSE A ÉTÉ FRAPPÉE PAR LA MALÉDICTION DE CETO, NOTRE VISAGE SE TRANSFORME. QUELQUES RARES ÉCHAPPENT À CE MALÉFICE, MAIS J'IGNORE POURQUOI. AUCUNE NE VEUT RÉVÉLER SON SECRET.

PEUT-ÊTRE QUE TU LE DÉCOUVRIRAS AVANT D'ATTEINDRE CET ÂGE.

TU ES MIGNON, TU SAIS?

OUI, JE SAIS!

AMOS, MON AMI !

!?

TU ES DE RETOUR !!!

!?

C'EST UNE TELLE JOIE DE TE REVOIR !

JUNOS ?

MAIS, OUI ! C'EST MOI !

EXCUSE-MOI, JUNOS, MAIS J'AIMERAIS BIEN QUE TU M'EXPLIQUES CE QUI SE PASSE.

AS-TU REVU TES PARENTS ? ET TON CHIEN ?... TU ÉTAIS CONTEUR ET TE VOILÀ MAINTENANT ROI ? JE NE COMPRENDS PAS.

ÉCOUTE. IL ÉTAIT UNE FOIS UN GAMIN QUI S'AVENTURA DANS LE BOIS DE TARKASIS POUR RETROUVER SON CHIEN. TU CONNAIS LA SUITE.

LORSQU'IL RETROUVA SA JEUNESSE, LE GAMIN FUT RENVOYÉ DANS LE BOIS EXACTEMENT UNE HEURE APRÈS SA PREMIÈRE RENCONTRE AVEC LES FÉES. IL RETROUVA CE QU'IL AVAIT PERDU MAIS CONSERVA SA MÉMOIRE D'ADULTE. IL AVAIT UNE DETTE ENVERS AMOS, QUI EN RÉALITÉ N'ÉTAIT PAS ENCORE NÉ. IL PARTIT APPRENDRE L'ART DU...

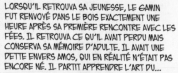

...COMBAT DANS UN ROYAUME VOISIN. APRÈS PLUSIEURS ANNÉES, LE ROI, SATISFAIT DE SES LOYAUX SERVICES, LUI OFFRIT LES TERRES DE BERRION OÙ JUNOS FIT CONSTRUIRE UNE GRANDE VILLE.

IL CRÉA L'ORDRE DES CHEVALIERS DE L'ÉQUILIBRE ET T'ATTENDIT, À LA SORTIE DE LA FORÊT. IL FIT POSER DES ÉCRITEAUX PRÈS DU BOIS AFIN QU'AUCUN MALHEUR NE SE PRODUISE PLUS...

C'EST MAGNIFIQUE !

JE CONNAIS TA MISSION ! UNE ARMÉE DE QUATRE CENTS CHEVALIERS DE L'ÉQUILIBRE ATTEND TES ORDRES, CHER PORTEUR DE MASQUES !

MERCI, JUNOS.

OH OUI, MES HOMMES ET MOI AVONS RETROUVÉ TES PARENTS SUR LES TERRES DE BERRION. ILS SONT DANS UNE DES CHAMBRES DU PALAIS. VIENS !

QUOI ?

BONNE NUIT, PAPA... MAMAN...

BONNE NUIT, AMOS... DORS BIEN.

132

CETTE FORCE RETOURNERA DANS LE MASQUE À TA MORT SEULEMENT...

VIENS MAINTENANT !

VAS-Y, FAIS LEVER LE VENT !

EH BIEN, TU N'AS PLUS BESOIN DE MOI. TU PEUX ÉGALEMENT DÉPLACER, EN SOUFFLANT, UNE GRANDE QUANTITÉ D'AIR ET LANCER TON TRIDENT SUR DE TRÈS GRANDES DISTANCES.

HÉ !?! IL M'OBÉIT !

ALORS, TOUT CE QUE J'AI VÉCU HIER SOIR ÉTAIT VRAI... CE N'ÉTAIT PAS UN RÊVE.

LE MASQUE S'EST INTÉGRÉ À MON CORPS ET JE POSSÈDE LES POUVOIRS D'UNE DE SES PIERRES.

IL RESTE LES TROIS AUTRES PIERRES ET LES TROIS AUTRES MASQUES. AURAIS-JE ASSEZ D'UNE VIE POUR TOUS LES RASSEMBLER ?

TIENS, TIENS... UN CERF-VOLANT QUI NE VOLE PAS BIEN...

IL LUI FAUT UN PEU PLUS DE VENT...

UNGH!...

LA MAGIE DES ÉLÉMENTS EST ÉPUISANTE...

IL FAUT UNE GRANDE CONCENTRATION POUR MAINTENIR LES EFFETS MAGIQUES. JE DOIS ESSAYER UNE DERNIÈRE CHOSE...

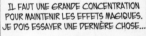

MERCI, MON AMI !

SAIS-TU POURQUOI KARMAKAS S'INTÉRESSE TANT À BRATEL-LA-GRANDE ?

OUI, JE LE SAIS ! IL EST À LA RECHERCHE D'UN PENDENTIF, MAIS IL NE LE TROUVERA JAMAIS !

POURQUOI ?

PARCE QUE JE L'AI BIEN CACHÉ !

MAIS SI NOUS AVIONS CET OBJET, NOUS POURRIONS L'UTILISER CONTRE LUI !

IL EST PLUS DANGEREUX DE L'AVOIR QUE DE LE LAISSER LÀ OÙ IL EST, CAR KARMAKAS EST CAPABLE DE SENTIR LA PRÉSENCE DE CET OBJET.

OUI, TU AS RAISON. JE SUIS QUAND MÊME CURIEUSE DE SAVOIR OÙ TU AS BIEN PU METTRE CE PENDENTIF.

JE NE TE LE DIRAI PAS. SI TU ÉTAIS CAPTURÉE, KARMAKAS TE TORTURERAIT POUR T'ARRACHER LE SECRET.

CHEZ MOI, NOUS DISONS TOUT À NOS AMIS. TU AS PEUT-ÊTRE RAISON DE NE PAS ME FAIRE CONFIANCE. JE NE SUIS QU'UNE MÉCHANTE GORGONE, APRÈS TOUT !

MAIS... TU ES MON AMIE !

C'EST POUR TE PROTÉGER QUE JE NE VEUX PAS TE LE DIRE !!!

OH. J'AURAIS AIMÉ SAVOIR QUELLE RUSE TU AS TROUVÉE POUR CACHER LE PENDENTIF, C'EST TOUT.

TRÈS BIEN, JE VAIS TE LE DIRE !

JE L'AI CACHÉ DANS LE CIMETIÈRE DE BRATEL-LA-GRANDE. LE SORCIER NE PENSERA JAMAIS À CHERCHER LÀ-BAS.

MERCI DE TA CONFIANCE MON AMI, MAIS OÙ EXACTEMENT ?

C'EST DIFFICILE À EXPLIQUER À QUELQU'UN QUI NE CONNAÎT PAS L'ENDROIT.

JE TE LE MONTRERAI PLUS TARD, SI TU VEUX.

SI AMOS ÉTAIT LÀ, IL SAURAIT COMMENT SE TIRER DE CE MAUVAIS PAS...

J'ARRIVE MÉDOUSA, MON AMOUR.

144

CROYAIS-TU SINCÈREMENT QUE TU ÉTAIS MON AMI? JE DÉTESTE LES ÊTRES POILUS!

SI TU TE SERVAIS PLUS SOUVENT DE TON CERVEAU, TU AURAIS COMPRIS QUE JE JOUAIS LA COMÉDIE.

MÊME SI JE SAIS QUE TU M'AS MENTI, SACHE QUE LES MOMENTS PASSÉS AVEC TOI FURENT LES PLUS BEAUX DE MA VIE.

TU ES PITOYABLE. JE VAIS EXAUCER UN DE TES VŒUX EN ÉCHANGE DE LA RIDICULE POUPÉE QUE TU M'AS DONNÉE. JE VAIS TE LAISSER VOIR MES YEUX...

TU AS LES PLUS BEAUX YEUX DU MONDE, MÉDOUSA...

145

BÉORF, C'EST MOI AMOS. JE VAIS BIEN ET J'ARRIVERAI AUSSI VITE QUE POSSIBLE AVEC UNE ARMÉE DE QUATRE CENTS CHEVALIERS. TIENS BON, MON AMI, JE SERAI BIENTÔT À TES CÔTÉS.

C'EST LA VOIX DU JEUNE HOMME DONT BÉORF M'A PARLÉ.

JE DOIS AVERTIR MON PÈRE !

MAIS...

JE TRAHIS AINSI BÉORF UNE DEUXIÈME FOIS. PAR CONTRE, SI JE ME TAIS, LES CHEVALIERS PRENDRONT LA VILLE ET ANÉANTIRONT MON PEUPLE AINSI QUE MOI-MÊME...

139.

147

AVEC UN BASILIC À LA TÊTE D'UNE NOUVELLE ARMÉE DE GORGONES, NUL PAYS NE POURRA RÉSISTER.

J'ATTAQUERAI LES BARBARES AU NORD, PUIS LES PAYS RICHES AU SUD. PLUS RIEN NE POURRA M'ARRÊTER...

LES DIEUX DES TÉNÈBRES M'ACCORDERONT UN POUVOIR INFINI. JE VAIS ÊTRE ÉLEVÉ AU RANG DE DEMI-DIEU DU MAL. HA, HA, HA!!!

SETH, MON DIEU ET MAÎTRE, M'AIDERA À ACCOMPLIR CET ACTE ULTIME. IL M'A TOUJOURS BIEN GUIDÉ QUAND JE PRÊCHAIS POUR SON CULTE...

IL M'A DONNÉ LA FORCE DE DEVENIR LE ROI DES HOMMANIMAUX DE MA CITÉ. UN ROI GRAND, EXTERMINATEUR DES HOMMES...

LAS DE CES INCESSANTS COMBATS, LES HOMMANIMAUX SE SONT REBELLÉS CONTRE MOI. SETH M'A AIDÉ À CRÉER UNE ARMÉE DE GORGONES POUR TUER LES TRAÎTRES !!!

APRÈS MA VICTOIRE, IL S'EST PRÉSENTÉ À MOI POUR M'OFFRIR UN ŒUF DE COQ EN RÉCOMPENSE DE MA PERFIDIE.

149

152

154

155

IL Y A UNE FILLE TRÈS ÉTRANGE QUI DÉSIRE VOUS PARLER, MAÎTRE DARAGON. DOIS-JE L'AMENER OU LA RENVOYER ?

UNE FILLE... HUMMM ? AMENEZ-LA ICI, S'IL VOUS PLAÎT.

?!?

LA VOILÀ !

157

JE SUIS AMOS. PARLE, JE T'ÉCOUTE.

JE CONNAIS BÉORF. C'EST MOI QUI L'AI PÉTRIFIÉ...

QUOI ?! NE ME JUGE PAS MAINTENANT. LAISSE-MOI TE RACONTER...

COMPRENDRE... IL N'Y A RIEN À COMPRENDRE !

MOI... JE VAIS TE...

NON !... DU CALME AMOS... IL FAUT ÉCOUTER SON HISTOIRE...

CONTINUE... GORGONE !

LE SORCIER KARMAKAS A LA FACULTÉ DE SE MÉTAMORPHOSER EN SERPENT ET PEUT CONTRÔLER TOUT CE QUI S'APPARENTE À CETTE BÊTE... IL M'A ENVOYÉE ICI POUR TE PÉTRIFIER, COMME J'AI FAIT AVEC BÉORF QUI ME MANQUE BEAUCOUP. DEPUIS, JE VAIS VOIR TOUS LES JOURS...

... SON CORPS FIGÉ. JE SAIS MAINTENANT CE QUE REPRÉSENTE L'AMITIÉ... OU L'AMOUR... JE REGRETTE MON GESTE ET JE VEUX T'AIDER À COMBATTRE KARMAKAS.

CELA NE RAMÈNERA PAS MON AMI.

GAGNE CETTE BATAILLE ET JE TE RENDRAI TON AMI TEL QUE TU L'AS CONNU.

COMMENT AVOIR CONFIANCE EN TOI APRÈS CE QUE TU VIENS DE ME RACONTER ?

LAISSE-MOI FINIR DE PARLER AVANT DE DOUTER DE MA LOYAUTÉ...

PATIENCE, MON PETIT, SIII, MON PETIT TRÉSOR. CE SERA BIENTÔT À, SIII, À TOI D'AGIR.

162

QU'EST-CE QU'ON VA FAIRE, AMOS ?

NE T'INQUIÈTE PAS MÉDOUSA. LE BASILIC EST AUSSI DANGEREUX QUE FRAGILE. LE SIMPLE CHANT DU COQ LE PULVÉRISE.

VOLE, MON BRAVE, ET DÉTRUIS-LES.

IL VA POUSSER SON CRI PARALYSANT, BOUCHE TES OREILLES AVEC CETTE PÂTE DE FOUGÈRE. IL FAUT AVERTIR JUNOS ET LES SOLDATS.

JUNOS, BOUCHEZ-VOUS LES OREILLES !

AMOS... IL AVANCE ENCORE !...

MAIS... D'OÙ VIENT CE VENT ?

SON SOUFFLE NE SUFFIT PAS À ARRÊTER LE BASILIC... ET IL A VRAIMENT L'AIR ÉPUISÉ, PAUVRE AMOS.

AMOS ! IL VA UTILISER SON REGARD !!!

LES CRINIÈRES DES CHEVAUX ET LES CAPES DES HOMMES BRÛLENT !... FAIS QUELQUE CHOSE, AMOS !!!

HOURRA!!!

DAMNATION!!!

AMOS!

QUE S'EST-IL PASSÉ? OÙ SUIS-JE?

TE VOILÀ ENFIN RÉVEILLÉ. TU DORS DEPUIS DEUX JOURS!

QUOI?!

DEUX JOURS!!! RACONTE-MOI TOUT CE QUI S'EST PASSÉ!

APRÈS LA MORT DU BASILIC, KARMAKAS A FAIT DESCENDRE DES DIZAINES DE PYTHONS ET DE BOAS DES MURS DE LA VILLE. PLUSIEURS DE NOS COMBATTANTS ONT ÉTÉ BLESSÉS. À LUI SEUL, JUNOS A TERRASSÉ UNE BONNE DOUZAINE DE BÊTES. NOUS AVONS GAGNÉ GRÂCE À LUI!

MAIS MAINTENANT, QUE SE PASSE-T-IL?

LA VILLE EST IMPOSSIBLE À PRENDRE, CAR SES MURS SONT TROP HAUTS. LES GORGONES LANCENT DES FLÈCHES SUR TOUT CE QUI BOUGE. JUNOS ATTENDAIT TON RÉVEIL POUR ÉTABLIR UNE NOUVELLE STRATÉGIE...

J'AI UN PLAN. DIS-MOI OÙ EST JUNOS ET NOUS TERMINERONS CETTE BATAILLE DANS QUELQUES HEURES.

171

172

174

175

176

177

178

ARRÊTEZ-LE!!!

TROP TARD, IL MONTE DANS LA TOUR!

JE VAIS TE TUER!

MERCI, MÉDOUSA, GRÂCE À TOI, DES CENTAINES DE VIES SERONT SAUVÉES ET CETTE VILLE RENAÎTRA.

JE DOIS MAINTENANT TE DIRE QUELQUE CHOSE, AMOS...

IL N'Y A QU'UNE FAÇON DE RAMENER BÉORF À LA VIE.

JAMAIS JE NE T'OBLIGERAI À REGARDER TON REFLET. IL Y A SÛREMENT UN AUTRE MOYEN...

JE SAIS QUE JAMAIS TU NE ME SACRIFIERAS POUR SAUVER TON AMI. SEULEMENT VOILÀ, J'AI COMPRIS QUE L'AMITIÉ VÉRI-TABLE IMPLIQUE PARFOIS DE SE SACRIFIER POUR L'AUTRE.

J'AI CONNU, AVEC VOUS DEUX, L'AMITIÉ. C'EST CE QU'IL Y A DE PLUS BEAU CHEZ LES HUMAINS ET C'EST MAINTENANT À MON TOUR DE FAIRE PREUVE D'HUMANITÉ.

?!!

BÉORF AVAIT RAISON... J'AI DE BEAUX YEUX...

MÉDOUSA!

NON... NON...

184

185

LE CHAT DU DRUIDE!?... MAIS...

IL EST VRAI QUE C'EST UNE ARME DANGEREUSE, MAIS COMME VOUS NE SEMBLEZ PAS SAVOIR VOUS EN SERVIR CORRECTEMENT, JE CRAINS UN PEU POUR MA VIE...

TU ME MENACES ENCORE UNE FOIS AVEC TON RIDICULE TRIDENT... HA, HA, HA!...

189

190

OÙ SONT-ILS ? IL FAUT QUE JE LES RETROUVE...

MÉDOUSA... AMOS....

HÉ! NOUS SOMMES VIVANTS!

C'ÉTAIT COMME UN LONG CAUCHEMAR.

PAPA, POURQUOI SOMMES-NOUS TOUS ICI ?

RETOURNONS CHEZ NOUS.

LES GORGONES NOUS AVAIENT PLACÉS DEVANT LA GRANDE PORTE POUR EFFRAYER LES VOYAGEURS.

JE DOIS TROUVER BÉORF!

SALUT AMOS!

MAMAN, QUI SONT CES SOLDATS ?

193

HABITANTS DE BRATEL-LA-GRANDE! MOI, JUNOS, SEIGNEUR DES CHEVALIERS DE L'ÉQUILIBRE ET MAÎTRE DES TERRES DE BERRION, DÉCLARE CETTE CITÉ LIBRE!!!

JE VOUS OFFRE MAINTENANT DE RECONSTRUIRE CETTE VILLE AVEC VOUS...

...DANS L'HARMONIE ET...

ALLEZ-VOUS-EN! IL N'Y A QU'UN MAÎTRE ICI ET C'EST MOI!!!

PERSONNE NE DIRA AUX CHEVALIERS DE LA LUMIÈRE QUOI FAIRE ET COMMENT FAIRE. PARTEZ, LAISSEZ-NOUS REBÂTIR NOTRE VILLE!!!

CITOYENS DE BRATEL-LA-GRANDE, C'EST À CAUSE DE VOTRE SEIGNEUR QUE VOUS AVEZ TOUS FAILLI PERDRE LA VIE DANS CETTE AVENTURE!!!

TAISEZ-VOUS ET PARTEZ IMMÉDIATEMENT!!!

194

YAUNE, NE DEVRIONS-NOUS PAS ÉCOUTER CE QUE CET HOMME NOUS PROPOSE? NOUS LUI DEVONS LA VIE ET IL N'Y A PAS DE MAL À SERVIR PLUS FORT QUE SOI...

TRAÎTRE! TU PARLES COMME TON PÈRE... PUISQUE NOUS PARLONS FRANCHEMENT, JE T'AVOUE AUJOURD'HUI QUE C'EST MOI QUI L'AI TUÉ...

NOUS ÉTIONS ENSEMBLE LORSQUE LE PENDENTIF EST TOMBÉ ENTRE MES MAINS. TON PÈRE A INSISTÉ POUR QUE NOUS LE DÉTRUISIONS. J'AI REFUSÉ...

IL M'A PROVOQUÉ EN DUEL ET J'AI FAIT COULER SON SANG. MAINTENANT, J'ORDONNE QUE TU SOIS BRÛLÉ VIF POUR TRAHISON! CHEVALIERS, EMPAREZ-VOUS DE LUI!

NON! NOUS AVONS BRÛLÉ ASSEZ D'INNOCENTS! JE SUIS AVEC TOI, BARTHÉLÉMY!

OUI!!! ON EST TOUS AVEC BARTHÉLÉMY!

BRATEL-LA-GRANDE VIENT DE CHOISIR UN NOUVEAU CHEF! BARTHÉLÉMY, VIENS À MES CÔTÉS ET REÇOIS LES ACCLAMATIONS DE TON PEUPLE!

MEURS!!!

196

197

IL N'Y A PAS DE PLACE POUR TOI DANS NOTRE VILLAGE, SALE MEURTRIER!

ROYAUME D'OMAIN

UN TEMPLE ABANDONNÉ... PEUT-ÊTRE VAIS-JE Y TROUVER REFUGE POUR LA NUIT?

QUI ES-TU ?

JE M'APPELLE SETH ET J'AI UNE PROPOSITION À TE FAIRE. JE T'OFFRE CETTE ÉPÉE, NOBLE CHEVALIER. ELLE DÉCHIRE LES ARMURES ET EMPOISONNE TOUS CEUX QU'ELLE TOUCHE. UN SEIGNEUR COMME TOI NE PEUT PAS VIVRE SANS ROYAUME ! SERS-MOI ET JE T'OFFRIRAI POUVOIR ET RICHESSE ! TU VAS CONQUÉRIR, POUR MA GLOIRE, LES TERRES D'OMAIN ET TUER LE SEIGNEUR ÉDONF...

ET SI JE REFUSE ?

EH BIEN, TU RETOURNERAS À TA VIE DE MENDIANT ET TU MOURRAS PAUVRE, AFFAMÉ ET OUBLIÉ ! CONQUIERS LE ROYAUME D'OMAIN ET JE T'OFFRIRAI... UNE REVANCHE SUR BARTHÉLÉMY ET JUNOS. TU RÉCUPÉRERAS TES TERRES ET TU AURAS CELLES DE BERRION. MA PROPOSITION T'INTÉRESSE ?

DONNE-MOI CETTE ÉPÉE, SETH !...

Amos Daragon

N° 1 AU QUÉBEC !
500 000 exemplaires vendus !

LEONIS

LA SÉRIE QUI VOUS PLONGE
DANS L'UNIVERS FASCINANT
DE L'ÉGYPTE ANCIENNE